Sylwia Krawc....

Wenn der Wind von Liebe erzählt

Sylwia Krawczak ist Autorin, die ihre Leidenschaft für Lyrik mit Liebe zur Fotografie, Malerei und Psychologie verbindet. Fasziniert von der Tiefe der menschlichen Seele, verarbeitet sie in ihren Gedichten Themen wie Liebe, Sehnsucht, Verlust und Nähe. Ihre Worte fangen Stimmungen ein, die direkt ins Herz treffen, und laden die Leserinnen und Leser ein, in die Vielschichtigkeit des Gefühlslebens einzutauchen. Mit ihrem zweiten Gedichtband setzt sie ihre Reise durch die Welt der Emotionen fort.

Sylwia Krawczak

Wenn der Wind von Liebe erzählt

Liebeslyrik

Bibliografische Information der Deutschen Nationalbibliothek: Die Deutsche Nationalbibliothek verzeichnet diese Publikation in der Deutschen Nationalbibliografie; detaillierte bibliografische Daten sind im Internet über dnb.dnb.de abrufbar.

© 2025 Sylwia Krawczak

Verlag: BoD · Books on Demand GmbH,

Überseering 33, 22297 Hamburg, bod@bod.de

Druck: Libri Plureos GmbH,

Friedensallee 273, 22763 Hamburg

Printed in Germany

ISBN: 978-3-8192-9773-1

Coverdesign: Klaudia Szczepanski

Vorwort

Mit großer Freude präsentiere ich Euch mein neues Gedichtband, eine Sammlung von Liebeslyrik, die sowohl das Schöne als auch das Schmerzhafte der Liebe einfängt.

Ah, die Liebe – sie kann uns beflügeln, uns die Welt in strahlenden Farben malen und uns das Gefühl geben, lebendig zu sein. Doch genauso kann sie uns herausfordern, uns an unsere Grenzen bringen und uns mit Fragen zurücklassen, die tief in unser Innerstes führen.

Wie schon bei meinem ersten Buch, spiegeln die Texte in diesem Band meine eigenen Erfahrungen, Reflexionen und Gedanken wider. Gleichzeitig lasse ich in diese Zeilen auch die Geschichten von Frauen einfließen, die ich in meiner Arbeit als psychologische Beraterin und

Coach begleiten durfte. Besonders die Themen toxische Beziehungen, Heilung und die Reise zur Wiederentdeckung der eigenen Stärke sind dabei präsent.

Mein Wunsch ist es, dass die Leserinnen und Leser in diesem Buch etwas finden, das ihre Seele nährt, sie inspiriert und zum Nachdenken anregt - über die Liebe, das Leben und die Schönheit der kleinen, flüchtigen Momente, die unser Dasein so wertvoll machen.

Solltet Ihr Fragen zu den Themen haben, die in meinen Gedichten angesprochen werden, oder möchtet Ihr Unterstützung in ähnlichen Lebensbereichen suchen, lade ich Euch ein, mich zu kontaktieren. Weitere Informationen dazu findet Ihr am Ende dieses Buches.

Nun wünsche ich Euch eine wundervolle Reise durch die Zeilen dieses Gedichtbandes. Möge es euer Herz berühren und Eure Seele bereichern!

Mit Liebe und Dankbarkeit,
Sylwia Krawczak

Loslassen

du warst ein Kapitel

das ich mit zitternden Händen

gehalten habe

doch

irgendwann lernt man-

nicht jede Geschichte braucht

ein Ende

manche brauchen

einen neuen Anfang

ohne dich

***

***

ich habe
unsere Fotos
vom Handy
gelöscht
leider
hat mein Herz
keinen Knopf
wo ich die Liebe
löschen kann

***

***

wenn deine Träume
im Nebel versinken
werde ich
bei dir sein

und umarme
deine leise Tränen
die fallen so sanft
wie Rosenblätter

ich werde da sein
wie das Licht
am Ende
des Tunnels

***

***

deine Hände
berühren
sanft
meine Haut

deine Augen
berühren
tief
meine Seele

***

***

ich würde

mit dir

das wahre Leben

teilen

alle Augenblicke

und Gefühle

mit dir erleben

ich würde

mit dir

die Nähe

fühlen

deine Zuneigung

spüren...

leider

du bist nur ein Traum

eine schöne Fantasie

in meinem Kopf

***

***

ich wünschte

ich könnte

dich

hier

stehen lassen

mich umdrehen

und

gehen

einfach gehen

weiter gehen

nach vorne schauen

und am Ende

bei mir

ankommen

stattdessen

ich stehe

hier

mit dir

vereist

von deinem Blick

***

***

tausende Liebesschlosser
auf der Brücke
glänzen in den Lichtern der Nacht
Memory of Love
"Lieben sie sich noch?"
hast du gefragt

tausende Fotos
schließen die Momente
die wir für immer behalten
Memory of Love
"Es ist so schön"
habe ich gesagt

tausende Küsse
am Mein entlang
und meine Hand in deiner Hand
Memory of Love
"Ich liebe dich "

hat mein Herz geflüstert

***

***

es war nur ein Traum
doch ich trug ihm
durch den Tag
wie ein Pulsschlag
leise

die Liebe dort war leicht
hell
wie Luft
ohne Gewicht
und ohne Namen

jetzt ist die Stille
schwerer
weil ich weiß
was nicht existiert
und doch fehlt

***

***

die Bäume
strecken ihre Arme
leer
und still
die Farben
verblassen
sinken in die Erde
wo Träume ruhen
verborgen vor der Kälte

der Wind
flüstert Geheimnisse
ein leiser Ruf
nach Einkehr
nach Ruhe
die Natur schließt die Augen
wie wir
die in der Stille
suchen

in der Dunkelheit

wachsen

und auf das Licht warten

***

***

ein Kuss

ein Atemzug

aus Salz und Licht

vergänglich

wie ein flüchtiger Stern

unsichtbar

doch spürbar

hinterlässt

eine Sehnsucht

einen leisen Schmerz

nichts wird anders

und doch

alles

***

***

fenster leuchten
in sanften Glanz
die Luft riecht nach Zimt
und Freude

doch in der Stille
spüre ich dein Fehlen
ein leiser Schatten
im goldenen Licht

ohne dich
ist Weihnachten
kalt und leer
ein Fest der Einsamkeit

***

***

die Träume
flüstern leise
wie Nebel im Morgenlicht
sie sind vergänglich

das Versprechen
kann mit der Zeit
verblassen
doch die Hoffnung
wächst in mir
und ich schenke sie dir
jeden Tag
aus Liebe neu

***

***

du sagtest

ich sei

dein

und ich vergaß

für einen Moment

dass du niemals

mein

warst

***

***

von all deinen Lügen
war
"ich liebe dich"
die zarteste

sie klang
wie Wahrheit
fühlte sich an
wie Heimat
und brannte
wie Verrat

***

***

du bist wie Zucker

eine Verlockung

die schmilzt auf der Zunge

bis es bitter wird

du bist süß

wie eine zarte Täuschung

die mich fesselt

während ich langsam vergehe

du bist ungesund

aber unverzichtbar

ein Gift

das ich freiwilig nehme

***

***

für einen kurzen Moment
habe ich
an deine Liebe geglaubt

doch deine Worte
sind nichts als
Schnee von gestern

schmelzend
ohne Gewicht
ohne Spur

***

***

dein Name
duftet nach den
Maiglöckchen
im September
bei Neumond

die Worte flüstern
sanft wie der Wind
die Zeit bleibt stehen
die Unendlichkeit beginnt

***

***

jedes Mal
wenn ich dich sehe
steht die Welt plötzlich
ganz still
nur mein Herz
schreit
laut
nach dir

***

***

in meinen Träumen
flüstert der Wind deinen Namen
bei Sonnenaufgang
über dem stillen Meer

du bist so nah
und doch unendlich fern
wie ein Horizont
den ich nie berühren kann

***

***

Weihnachten
ist die stille Magie
die in unseren Herzen
leuchtet

verbundene Hände
und der weiße Schein
des Tischtuchs

es ist die Hoffnung
dass die Welt
den Mut findet
sich in Liebe zu hüllen
und in Frieden
Atem zu schöpfen

***

***

ich kann die Sterne

in deinen Augen

nicht vergessen

manchmal leuchten sie

als hätte die Nacht

sie dem Himmel gestohlen

sie tragen Geheimnisse

die nur die Stille versteht

***

Deine Liebe

deine Liebe öffnet
alle Türen in meiner Seele
wie ein sanfter Wind
der alte Schatten verweht

jetzt bin ich voller Licht
durchflutet von Wärme und Leben
als hätte die Welt
ihre Farben neu gemalt

kein Raum bleibt verschlossen
kein Traum unerreichbar
denn deine Liebe
hat mich neu geboren

***

Am letzten Weihnachtstag

die Lichter verblassen

doch in der Stille

höre ich noch dein Lachen

spüre deine Nähe

die Erinnerungen tragen mich

leise wie ein Flüstern

sanft wie ein Schatten

vertraut wie ein Atemzug

***

***

du hast die schönsten
Augen
und wenn man dir
nah genug kommt
dann
kann man
am helllichten Tag
einen Sternenhimmel
sehen

***

***

ich liege viel zu oft
nachts wach
und sehe vor mir
all die verpassten Chancen
all die verlorenen Träume
wie Schatten an der Wand
wie Stimmen die verwehen

und ich zähle die Sterne
als könnten sie mir sagen
was hätte sein können
und was noch sein wird

doch irgendwo
zwischen Dunkelheit und Morgenrot
blinkt ein Licht

ich atme ein
die Nacht wird leiser

die Träume bleiben

doch die Hoffnung kehrt zurück

***

***

du bist geheimnisvoll

wie die Nacht

die ihre Schatten um uns liegt

uns schützt

uns umarmt

und unsere Träume bewahrt

ich möchte mich verlieren

in der Wärme deines Atems

im sanften Puls deiner Nähe

wo Zeit verblasst

und nur der Moment

zwischen uns bleibt

***

***

ich möchte mich ganz

in dir verlieren

wie ein Schiff im weiten Meer

ohne Angst

vor dem Horizont

nur getragen von deinem Blick

zwischen meinen Fingern

das weiche Flüstern

deiner Haare

ein Hauch von Ewegkeit

wenn unsere Lippen sich finden

***

Für Dich

ich bin hier
und du bist dort
doch die Nacht gehört uns

es fühlt sich
so leicht an
du fühlst dich
so nah

du redest
und deine Worte
werden ein Safe Place
für meiner Seele

du lachst
und dein lachen
küsst zärtlich
meine Sinne
schlaflos

berauscht

wir gehören einander

bis zum Morgengrauen

***

Herbstlicht

die Nacht
bis 4 Uhr morgens
zwischen Dunkelheit und Licht
eine Verbindung, still, ohne Worte

die Zeit verrann
doch sie schien stillzustehen
die fallenden Blätter tanzten am Fenster
ein Hauch von Magie in deinen Augen

in dieser Oktobernacht
gehörten wir einander
im Kerzenlicht
so zart
so mild
warst du wie ein Altar

***

Stille Dämmerung

die stille Dämmerung
umhüllt erschöpfte Seelen
selbst die Sterne schweigen
über einer Welt in Grau

verborgene Träume
finden Zuflucht in der Nacht
Hoffnung wirft ihr Licht
auf unbekannte Wege

Kinder träumen
von einer Welt ohne Regen
von einer Sonne
die für alle aufgeht

***

***

die Stille schreit

wenn das Herz ruft

doch die Arme leer bleiben

es schmerzt

wenn die Nähe ein Traum ist

und die Realität ein Echo

die Seele sehnt sich

nach einem Halt

den nur Liebe tragen kann

***

***

wie kann ich verlieren
was nie mir gehörte ?
und doch trägt mein Herz
die Schwere von allem
das nie war
das nie sein dürfte

dein Hauch
ein Flüstern im Nichts
bleibt in mir
wie ein Traum
der nie erwacht
aber niemals vergeht

***

***

Liebe ist kein Wort

sondern der Klang

unserer gemeinsamen Seele

die den Mut hat

im Licht zu stehen

sie ist der Atem

der uns durch Stürme trägt

das Flimmern in der Dunkelheit

wenn die Wege enden

und nur wir bleiben

***

***

Worte fließen
wie Brücken aus Licht
zwischen Herz und Herz
tragen das Verborgene
ans Tageslicht

jeder Satz ein Schritt
jeder Blick ein Versprechen
die Stille füllt den Raum
zwischen uns
wo Vertrauen keimt

***

***

manchmal verliere ich mich
in den Wellen der Zeit
im Sturm der Gedanken
wo die Welt rast und keiner verweilt

Gesichter verblassen
Worte verhallen
doch eine Frage bleibt :
wer bin ich? wohin gehe ich?

die Zeit drängt
die Uhr diktiert
und doch ist die Stille
mein wahrer Kompass

ich halte inne
atme den Moment
lausche dem Flüstern meines Herzens
dort

im Innern
liegt die Antwort

alles was ich suche
war immer schon hier
in mir

***

***

wenn

ich die Augen schließe

flüstern lautlos

meine Erinnerungen

ein Meer

aus Trännen

zersplittertes Licht

der Vergangenheit

ich tauche ein

finde nur Leere

greife nach Halt

doch alles entgleitet mir

spüre nur

den Atem der Stille

sanft wie eine Antwort

die noch keinen Namen trägt

***

***

kalter Wind

reißt an meiner Seele

alte Dämonen sind erwacht

die Vergangenheit

zerquetscht Träume

mein Herz zittert in der Nacht

ein dunkler Schatten

flüstert leise Namen

Erinnerungen

die niemals vergehen

doch irgendwo

ein Funke Licht

lässt meine Seele

auferstehen

***

***

ich habe Angst

dich zu verlieren

denn mit dir

fällt das Licht

wenn du gehst

verblasst ein Teil von mir

ohne dich

ist die Stille lauter

die Dunkelheit tiefer

und die Welt

hoffnungslos

traurig

***

***

deine Liebe
ist der Regen
in den Garten
meiner Seele

deine Liebe
lässt meine Träume
blühen
in der Kälte des Winters

***

***

wir haben Zeit
ein ganzes Leben
um unsere Liebe
zu zelebrieren

die Momente
die sich wie Puzzleteile
zu einem Tag fügen
sammeln wir liebevoll
und bewahren sie
in unseren Herzen

***

***

ich atme

die Stille der Nacht

einsam

ohne dich

tausende Lichter

lächeln mich an

wie die Sterne

in deinen Augen

warmer Wind küsst meine Haut

so zärtlich

wie deine Lippen

das Leben könnte so leicht sein

hier

mit dir

***

***

der Wind flüstert alte Worte

die wir einst teilten

wie ein Geheimnis

getragen von der Zeit

deine Wärme

so fern und doch nah

lebt in der Stille des Morgens

wenn die Welt noch schläft

kein Schatten löscht die Spuren

die du hinterlassen hast

sie leuchten

wie Sterne im endlosen Raum

***

***

in deinen Armen
schlief meine Sehnsucht ein
so geborgen
so leicht
und dein Herz
ich hörte es schlagen
nur für mich

doch die Nacht brach ein
mit ihr der Morgen
und der Traum zerrann
wie Nebel im Licht
so blieb nur Stille
wo Liebe einst war

***

Zimmer 240

Zimmer 240 Superior

war gelb

und beruhigend clean

schmeckte

nach salzigen Keksen im Bett

nach indischen Gewürzen

und Meerrettich

ein langer Korridor

und die Tür rechts

mein schüchternes Lächeln

nur du und ich

die Welt war auf einmal heil

und gehörte uns

in diesem Zimmer

sprachen wir ohne Worte

Distanz und Nähe

verschmelzten im Kerzenlicht

die neugeborene Geborgenheit

durften wir in weiße Bettwäsche

einhüllen

eine grüne Eiche hinter dem großen

quadratischen Fenster

schaute neidisch zu

die Kälte der Nacht

konnte unsere brennende Intensität

nicht löschen

im Zimmer 240

mischten sich Channel und Joop

mit Lovesongs

ich war noch nie so glücklich

wir lebten unseren Traum

zwischen Fantasie und Realität

***

Du bist der Wind

du bist der Wind
unter meinen Flügeln
die Melodie
meiner Inspiration

du bist das Licht
das Schatten vertreibt
ein Feuer
das niemals erlischt

mit dir flieg ich höher
über Grenzen hinaus
du bist die Kraft
die Träume entfacht

***

Die Dritte

plötzlich bist du da
wie ein Schatten im Licht
unsichtbar
doch unmöglich zu übersehen

jetzt sind wir zu dritt
das "für immer" zerbricht
wie Glas
ein Splitter bleibt in meiner Brust

du sagst nichts
du musst nichts sagen
dein Schweigen ist laut genug
für immer
wie kurz das war

***

Erste Liebe

ich wollte dir meine Seele schenken
für einen Kuss
gestohlen im Halbdunkel
wo nur die Stille atmete

wir pflückten die verbotene Frucht
im Garten Eden
und ein Lichtstrahl zeriss die Dunkelheit
in gebrochenen Herzen

doch die Zeit war gegen uns
wir waren zu jung
zu zart für die Schwere der Welt
unsere Träume zerbrochen
bevor wir sie festhalten konnten

heute kann uns niemand mehr
die Erinnerungen nehmen
ich habe sie in einer

Schatulle verschlossen

wo nur wir den Schlüssel kennen

***

Veränderung

das Leben zerbricht
nur um sich neu zu formen
Momente verschwinden
Menschen gehen
Träume verblassen

es tut weh
die Kontrolle zu verlieren
doch in diesem Chaos
liegt ein Versprechen

Veränderung bedeutet nicht Ende
sondern Neubeginn
die Dunkelheit wird weichen
die Wunden heilen
und das Leben wird dich tragen
wohin du gehörst
vertraue
alles fügt sich

Klavier

das Schicksal

sitzt am Klavier

seine Finger

wandern über die Tasten

unsichtbare Fäden

geknüpft an die Melodien

unseres Lebens

mal leise

zart

wie ein Flüstern in der Nacht

mal wild

schneidend

wie ein Sturm

der alles zerreißt

wir sind die Zuhörer

gebannt

vor der Unvorhersehbarkeit

wer das Stück geschrieben hat

oder

ob es überhaupt ein Ende gibt

vielleicht sind wir

selbst kleine Tasten

Teil eines größeren Liedes

das wir noch nicht verstehen

wir wissen nicht

***

***

im leeren Wald
wiegt der Wind die Bäume
nackt und still
lauschen sie seinem Lied

in Hauch von Ewigkeit
durchstreift die Zweige
das Rauscheln
verklingt in der Ferne

die Natur
schläft tief in ihrer Stille
der Wald lädt ein
zu einer Pause zwischen
den Gedanken

***

Zwischen Loslassen und Finden

ich bin hier
zwischen Loslassen und Finden
an einem Punkt
wo die Stille lauter spricht als Worte

leider kann ich dir nicht geben
was du suchst
denn der Schlüssel zu dir
liegt nicht in meinen Händen

ich muss den Weg weitergehen
allein
um mich selbst zu finden
um meine Seele zu heilen

vielleicht führt unser Weg
irgendwann wieder zusammen
doch jetzt
muss ich loslassen

um frei atmen zu können

***

***

ohne Liebe

im Herzen

sind wir nichts mehr

als Holzpuppen

in einem

staubigen Spielzeugladen

aufgereit in starren Posen

mit leeren Blicken

die einst von Leben sprachen

ohne Liebe

verblasst die Farbe

die uns einzigartig macht

die Fäden an denen wir hängen

führen ins Nichts

und die Melodie des Lebens

verstummt in der Ferne

doch mit Liebe

werden wir lebendig

füllen die Leere

mit Wärme

und selbst ein kleiner Laden

kann ein Ort voller Wunder sein

***

***

wohin ?

flüstern die Straßen

in tausend Sprachen

unter Neonlichtern

jeder Weg

ein Fremder

jeder Schritt

ein Hauch des Schicksals

wohin wir gehen ?

vielleicht dorthin

wo Fragen

zu Antworten werden

***

Splitter der Täuschung

sie treten in dein Leben
wie ein sanfter Sturm
und flüstern von Wärme
die nie wirklich war

das Lächeln zerspringt
wie Schatten im Morgengrauen
Kälte bleibt
wie ein Dolch im Herzen

die Leere schreit
doch sie lehrt dich
hinzusehen
wo du einst blind warst

am Ende bleibt Stärke
ein Raum für Wahrheit
ein Platz für jene
die wirklich lieben

Verloren

verloren

in den Strukturen

gefangen

im Takt des Lebens

umarmen wir die Schatten

und das Licht zugleich

wir lernen

die Schwere zu tragen

mit der Leichtigkeit

eines fallenden Blattes

und wenn der Wind

uns neue Wege zeigt

tanzen wir mit dem Sturm

bis Ruhe uns findet

***

Ewigkeit in deinen Augen

dein Blick
ein süßes Versprechen
leicht wie ein Traum

in deinen Augen
der Atem der Ewigkeit
und die Zerbrechlichkeit
des Moments

***

Ein Hauch von Ewigkeit

dein Kuss
zart auf die Lippen
Poesie
im Flüstern der Zeit

er trägt
die Sehnsucht
und die leise Sprache
der Liebe

kein Wort
nur ein Hauch
von Ewigkeit
der zwischen zwei Seelen tanzt

***

Im Mondlicht

*Für meine geliebte Oma

im Mondlicht
sehe ich dein Gesicht
dein Lächeln strahlt
aus den Tiefen des Himmels
und umarmt meine Seele

noch immer spüre ich
deine schützenden Hände
die mich hielten
die mich verborgen
von den Sorgen der Welt

in meinem Herzen
wirst du ewig wohnen
und eines Tages
zwischen den Sternen
werden wir uns wiederfinden

***

Ich lasse los

manchmal halte ich fest
an dem
was längst entgleitet
die Hände klammen sich
doch die Zeit löst die Finger

ein Flüstern in mir fragt
kannst du bitte bleiben?
aber die Stille kennt die Antwort
und ich lasse los

***

Sommernachtstraum

ich erinnere mich
an den Duft der Rosen
an einem warmen Abend
im Sommergarten

der Mondschein bricht
durch die Dunkelheit
die Stimmen der Vögel
flüstern in der Ferne

leise schleiche ich hinaus
um dir zu begegnen
mein Verstand
zerschellt am Verlangen

du bist wie ein Rausch
sanft und unaufhaltsam
ich verliere mich in deinen Lippen
und will niemals zurück

***

heute sah ich dein Gesicht
inmitten vieler anderer
Schönheit Traurigkeit Fremdheit
doch du warst anders

dein Lächeln
ein Splitter aus Licht
der sich in mein Herz bohrte
ein leiser Schmerz
den ich nicht begreifen kann

du strahlst
wie ein Sonnenaufgang
der plötzlich die Nacht zerbricht
deine Augen ein Funke Leben
der auch mich erhellt

ich kenne dich nicht
doch etwas in mir erwacht

vielleicht ist es mein Herz

doch ich weiß es noch nicht

***

Antwort des Himmels

ein Himmel brennt
nicht laut
nur still und schön
für den der hinsieht

die Straße war grau
doch eine Biegung
und plötzlich Licht
das alles durchdringt

auch das Leben
kennt solche Kurven
nicht aufgeben
manchmal wartet das Wunder dort

***

Wie Flieder

du bist nicht Sturm

du bist das leise Aufblühen

zwischen Licht und Schatten

so wie der Flieder

sanft

vergänglich

und doch bleibt etwas von dir

in der Luft

lange

nachdem du gegangen bist

***

***

in deinen Augen
liegt der Morgen
der nie vergeht

ein stiller See
getragen von Licht
und Vertrauen

meine Liebe zu dir
ist ein Horizont
unendlich weit
und immer da

***

***

der Schmerz vergeht nicht
er lernt
sanft zu sein
wie Wasser
das durch die Risse rinnt
wie Schatten
die im Tanz verwehen

und trotz allem
schlägt das Leben weiter
still
stark
unaufhörlich

***

Liebe

Liebe heilt
aber
manchmal hinterlässt Narben
die nur der Mond
in stillen Nächten sieht

Liebe bricht
doch aus den Trümmern
wächst etwas Neues

Liebe
macht aus Angst Vertrauen
aus Einsamkeit
ein Zuhause
aus zwei Herzen eines

und manchmal tut sie all das
auf einmal
***

Spuren in der Stille

sie sind fort
doch ihr Echo hallt in mir

in stillen Nächten
in leeren Räumen

in Worten
die nie gesprochen wurden

manche Abschiede
schreiben sich nicht in die Zeit
sondern in die Seele

***

Frühlingserwachen

der Duft der Blüten
plötzlich da
reißt mich aus den Gedanken
lässt mich atmen

Sonne auf meiner Haut
Wärme die mich sucht
Farben brechen auf
laut und verschwenderisch

die Welt atmet ein
alles lebt
tanzt im Wind
ich auch

etwas in mir erwacht
etwas das lange geschlafen hat
etwas das sich erinnert
dass Leben mehr ist als Warten

Traumfänger

in den Fäden
bleiben Schatten hängen
flüstern
leise von alten Tagen

ein Hauch von Gestern
streift die Nacht
doch die Zeit
trägt ihn fort

zwischen den Perlen
ruhen Namen
vergessen
von der lauten Welt

doch wenn der Wind
sanft durch sie fährt
erzählen sie
von einst geliebten Stimmen

manche Träume

lösen sich

andere

bleiben für immer gefangen

nicht jeder Traum

darf fliegen

nicht jede Erinnerung

verblasst

***

Weitere Projekte in Arbeit

Ich freue mich, Ihnen einen kleinen Ein-
blick in meine kommenden Schreibpro-
jekte zu geben:

1. Ein Buch mit Kurzprosa – Geschichten
und Gedanken über Liebe, das Leben
und Dankbarkeit. Dieses Buch lädt ein,
nachzudenken, zu reflektieren und die
kleinen Glücksmomente im Alltag zu ent-
decken.

2. Ein Gedichtband auf polnisch – eine
Sammlung von Liebeslyrik in meiner Mut-
tersprache, voller Emotionen und Ge-
fühle.

3. Ein Sachbuch im Bereich psychologi-
sche Beratung – Ein tiefgehender Blick
auf das Thema: toxische Beziehungen
vs. emotionale Unabhängigkeit mit prak-
tischen Impulsen und Inspirationen zur
persönlichen Weiterentwicklung.

Für weitere Informationen und Neuigkeiten lade ich Sie herzlich ein, mir auf Instagram zu folgen.

im_liebesrausch (meine Texte)
emotionale_heilung_ (psychologische Beratung)

Vielen Dank für Ihre Zeit und Ihr Interesse an meiner Arbeit!